给野蛮人

〔法〕布鲁诺·杜梅兹 著
樊艳梅 译

Les Barbares
expliqués
à mon fils

Bruno Dumézil

人民文学出版社
PEOPLE'S LITERATURE PUBLISHING HOUSE

著作权合同登记号　图字 01－2023－3807

Bruno DUMÉZIL
Les Barbares expliqués à mon fils
ⓒ Éditions du Seuil, 2010

图书在版编目(CIP)数据

给孩子讲述野蛮人／(法)布鲁诺·杜梅兹著；樊艳梅译. -- 北京：人民文学出版社, 2024. -- ISBN 978-7-02-019021-8
Ⅰ.K509
中国国家版本馆 CIP 数据核字第 20240PX859 号

责任编辑　李　娜　张玉贞
装帧设计　李苗苗

出版发行　人民文学出版社
社　　址　北京市朝内大街 166 号
邮　　编　100705

印　　刷　杭州钱江彩色印务有限公司
经　　销　全国新华书店等

字　　数　43 千字
开　　本　889 毫米 * 1194 毫米　1/32
印　　张　3.5
版　　次　2024 年 9 月北京第 1 版
印　　次　2024 年 9 月第 1 次印刷

书　　号　978-7-02-019021-8
定　　价　35.00 元

如有印装质量问题，请与本社图书销售中心调换。电话:010－65233595

目 录

1. 希腊人、罗马人与野蛮人　　5
2. 侵略、移民与民族的诞生　　16
3. 野蛮人的模样　　29
4. 野蛮人国家的建立　　40
5. 国王与王国　　47
6. 暴力社会?　　60
7. 家　庭　　73
8. 野蛮人的宗教信仰　　85
9. 新野蛮人　　97

爸爸，为什么我的名字是"纪尧姆"？

因为妈妈和我都很喜欢这个名字。而且几乎全家人都觉得这个名字适合你。

几乎？

实话和你说，你的曾祖母其实不是很喜欢这个名字。她觉得，"纪尧姆"是个"野蛮人的名字"。

她小时候见过野蛮人吗？

我觉得没有。但是，当她像你这么大的时候，经历了第一次世界大战。那个时候法国正和德国打仗，而当时德国的国王是纪尧姆二世。曾祖母的小学老师对她说，纪尧姆是"野蛮人的头目"。你要知道，谈论野蛮人，首先涉及视角的问题。

所以，其实没有什么野蛮人？

可以说存在过一些被我们称为野蛮人的民族。他们生活在很久很久以前，在罗马帝国与骑士帝国[①]之间的那段历史时期。但是那些人并不叫做野蛮人，而是叫做法兰克人、东哥特人或者勃艮第人。

我不明白。你能和我讲讲吗？

---

① 指中世纪。

说实话，我也不懂，我也一直不是很明白这段介于文明与无序之间的昏暗历史。但是也许和你讲讲这段时期，野蛮人的历史会变得有意思。我们试试看吧。

1
希腊人、罗马人与野蛮人

文明与野蛮

"野蛮人"这个词是什么意思呢?

这个词是古希腊人发明的。他们认为世界分成两部分,一部分是讲希腊语的人,另一部分是不讲希腊语的人。事实上,他们觉得,所有外国的语言听起来都像是一些含混不清的音节,类似于"叭-叭-叭……"这样的声音。所以就出现了"叭叭"(Barbare)这个词,即"野蛮人"。

所以野蛮人就是外国人？

有可能是，但其实这个词是贬义的。希腊人觉得自己的语言是唯一能够清晰地思考、研究哲学的语言。他们称之为"逻各斯"，我们今天所说的"逻辑"就是由这个词演变而来的。根据这种观点，不讲希腊语的民族就无法抵达高度的文明。他们野蛮、没有教养、残忍。所以，希腊人不允许那些人参加奥运会。当然，雅典与斯巴达已经开始与野蛮人交往或者与他们签订一些条约。但是，从理论上讲，任何外国人都没有权利成为一座希腊城邦的公民。

但是罗马人也不讲希腊语啊。罗马人也是野蛮人吗？

在柏拉图和亚里士多德时期的希腊人眼中，的确如此。但是，公元前4世纪中叶，希腊的黄金时代结束。200年以后，雅典和其他城邦落入罗马的政治统治。于是哲学家们不得不妥协，他们认为不讲希腊语和拉丁语的民族是野蛮人。这样，罗马人才得以在公元前146年第一次参加奥运会。

那罗马人觉得希腊人是野蛮人吗？

虽然罗马人都是一些骁勇善战的兵士以及伟大的工程师，但是很长时期内，他们都觉得，与希腊人相比，自己的文化还是比较落后。西塞罗甚至怀疑拉丁语能否让人研究真正的哲学。罗马人攻占了希腊以后，倾向于认为只存在一种希腊-拉丁文明。自此开始，所谓的野蛮人指所有那些尚未被罗马征服、尚未归顺于希腊-拉丁这个文化体的民族。

面对野蛮人的罗马帝国

所以，在罗马人的眼中，高卢人是野蛮人？

的确，在相当长的时期内，罗马人都把高卢人看做没有信仰、没有法规的野蛮人。但是公元前390年高卢人攻占了罗马并且将其毁之一炬。罗马人自然怀恨在心。公元前52年，儒勒·恺撒终于征服了高卢人，他认为自己的胜利是征服野蛮人的胜利。

然而，罗马人的思想比希腊人的思想更讲求实效。所以，一旦某片领土被吞并，这片领土上的居民就要接受一系列的法规，以构建一种罗马人的身份认同。借助文学、艺术与法律，罗马文化在被征服的民众中间日益传播开来。我们称这一过程为"罗马化"。因此，恺撒征服高卢一世纪之后，高卢人已经不再被视作野蛮人。公元212年，他们所有人都获得了罗马的公民身份。罗马帝国所有的地方都发生了这样的变化。

既然野蛮人已经被罗马同化了，那么他们就此消失了？

罗马帝国并没有征服整个欧洲！不知为什么，罗马的扩张于公元 2 世纪忽然停止。那时，帝国的疆域边界大约从莱茵河河口延伸至多瑙河河口。这条边界线被称为"界墙"（limes）（读作 limès）。

在"界墙"的北边有一片罗马人从未去过的地方，他们称之为 Barbaricum，即"野蛮人之地"。那个地方的居民名字很模糊，西边的人被称作"日耳曼人"，东边的人被称作"斯基泰人"。罗马人对所有这些部落都知之甚少，他们认为那些人都很危险。为了防止这些部落侵犯罗马的领地，皇帝们不断加固界墙。虽说这一防御工事不能与中国的长城相提并论，但是也非常壮观、雄伟。大约每间隔五公里就有一座塔楼，罗马的士兵可以躲在里面监视来来往往的外国人。

每五公里……那边界上还是留下了很多大洞。野蛮人不会从里面钻进来吗？

你猜对了，界墙其实很难保护完全。为了防止入侵，罗马不得不要一些手段。皇帝送钱给边界另一边的野蛮人部落。作为交换，这些野蛮人答应不攻打罗马的地盘。如果再多给他们一些钱，甚至可以说服他们帮忙抵御其他野蛮民族攻打界墙。有时，士兵不足的罗马将军还会去野蛮人那里雇用士兵。比如，恺撒曾号召日耳曼骑兵去攻打高卢人。

野蛮人为罗马人工作挣了钱，他们怎么花？

日耳曼的市场不流通货币。所以野蛮人唯一可以花钱的方法就是向罗马商人购买地中海地区的商品。野蛮人的首领们喜欢葡萄酒，因为当时的"野蛮之地"人只知道喝啤酒。野蛮人也会购买奢华的玻璃碗，离"界墙"200公里的地方都可以看到这些碗。我们甚至还知道这样一个故事，一位野蛮人的首领自己买了管道和浴缸，在日耳曼领土的中心建立了罗马式的浴场。

所以野蛮人慢慢就变得和罗马人一样了？

这正是许多历史学家和考古学家的观点。在公元1世纪与公元4世纪之间，住在界墙附近的野蛮人部落开始罗马化，虽然他们并没有臣服于罗马。

那些为罗马效力的外国兵士后来怎么样了？

他们的任务一旦完成，有些人就回家去了，回到"野蛮之地"。但是很多人都不愿意离开地中海文明。

他们同罗马女人结婚，定居在罗马的某个地方，然后继续为皇家军队效力。我们把这样的人叫做"皇家野蛮人"。土生土长的罗马人把他们看做外国人，所以那些人引起了他们的嘲笑或者敌意。但是皇帝很喜欢那些人，首先是因为他们的军事才能，其次是因为他们不是罗马公民，所以在政治上没有威胁性。

我不太明白你想说什么。

在公元3世纪与公元5世纪之间，罗马几乎一直都处于内战。许多将军只想着篡权夺位、当皇帝。所以，在这种状态下，在任的皇帝更喜欢依靠"皇家野蛮人"，而不是本国的士兵。因为日耳曼人不可能当皇帝，所以对皇帝没有任何威胁。

从公元4世纪开始，情况变得奇怪了，罗马帝国的上层军事指挥部大部分都是野蛮人出身的将军。这些出色的战士受到了最高级别的奖赏。比如，一位名叫博托的法兰克将军于公元385年成了执政官；他的女儿娥多西成了罗马皇帝阿卡狄奥斯的妻子。同样，公元395年，年老的皇帝狄奥多西一世将帝国的摄政权交给了他最优秀的将军斯提里科，他是日耳曼的汪达尔人。所以长达13年里，一位野蛮人以狄奥多西儿子的名义统治着帝国。

但是罗马人还是觉得自己比野蛮人优秀？

整体上，罗马人接受了希腊人的观点：不讲"文明"语言的人就是野蛮人。但是罗马帝国也建立在颁布的法令的基础之上。所以，任何不遵守罗马法律的人都被视作野蛮人。而有些"皇家野蛮人"通过遵守这些制度来努力成为罗马人：他们遵守国家的法律，阅读伟大的拉丁语诗人的作品。但是对于他们来说，这又有些危险：如果一位野蛮人出身的将军过于罗马化，大家就会控诉他意欲篡夺权位！斯提里科就是因为这个原因于公元408年被处死。

但是，有些罗马人认为，野蛮人虽然在文化层面上不如他们，但是在道德层面上胜于他们。历史学家塔西佗尤其坚持这个观点，他在公元1世纪末撰写了一本关于日耳曼人的简史。对野蛮人的褒扬其实是为了批判当时罗马盛行的奢侈之风。

最后，不要忘记，罗马帝国于公元4世纪开始信奉基督教。但是基督教徒认为基督是来拯救全人类的，而不仅仅是拯救罗马人。某些主教去野蛮人家里，试图让他们皈依。简而言之，罗马人的观点也并不统一，虽然"野蛮人"这个词听起来基本是贬义的。

那野蛮人呢，他们怎么看待这些事？

不幸的是，欧洲的野蛮人当时还不会书写文字。他们没有给我们留下任何关于他们世界观的资料。我们掌握的唯一一种观点是"皇家野蛮人"的观点。但是那些人认定罗马是文明的顶峰。而且,当其他野蛮人想要侵略罗马帝国时,他们总是会竭尽全力保护罗马文明。

2
侵略、移民与民族的诞生

侵略导致的出乎意料的结果

如果我没有理解错的话，罗马帝国外有野蛮人，帝国的边界有罗马化的野蛮人，帝国内有在罗马军队效力的野蛮人。那么究竟是谁侵占了罗马？

从公元3世纪开始，"界墙"不断遭到外部罗马人的攻击。边界处的野蛮人无法阻止他们，或者，他们背叛罗马帝国与敌人结为联盟。最糟糕的一次事件发生在公元276年：一群日耳曼人越过界墙，击败了高卢人，一直追击至比利牛斯山。

野蛮人想要攻占罗马帝国？

当然不是！他们只是来抢劫一些东西，然后又回到他们的老家。但是，他们的运气也不好。回去的时候，穿越莱茵河时，他们的一艘船沉了，考古学家最近发现了这艘船。船上还装满了从高卢罗马人的神庙里掠夺来的战利品。并且，这次侵略之后，罗马帝国终于击退了野蛮人，并且修缮了界墙上的缺口。

可是罗马的领土还是被侵占了……

的确如此。野蛮人可能还屠杀了一些人。但是罗马人在自己的内战中伤亡人数更多，而且一直都在发生。几乎每个地方的城市都需要建立城墙来保护自己，但是在和平时期，它们并没有城墙。那时大家外出都要带上手持武器。从公元4世纪开始，欧洲的景观与精神状态都开始接近于中世纪。

罗马帝国还爆发了一系列传染病。最终出现了人口危机：人口数量一代代递减。比如高卢地区，一些乡村在3世纪末完全没了人烟。你觉得皇帝会怎样增加这些地方的人口呢？

可能会把野蛮人赶到那里去？

答对了！对于罗马而言，野蛮人既是麻烦也是解决麻烦的出路。康士坦丁皇帝（306—337）开始统治后，在罗马各省出现了越来越多的野蛮人聚居区。大部分时候，这些人都来自皇帝战争中攻占的部落，他把他们变成奴隶，流放到人烟稀少的地方，让他们去耕田种地。我们把这些野蛮人叫做"投诚者"（dédicies），意思大概是"投降的人"。

但是罗马同时还鼓励自由的日耳曼人越过界墙去帝国的土地上聚居，这些都是合法的行为。我们把这些迁居过去的劳动者叫做"脱离者"（lètes）。他们开垦土地，同时也在皇家军队里充当替补军。

脱离者和投诚者也罗马化了？

很自然，居住在罗马土地上的野蛮人养成了罗马人的生活习惯。比如，他们不再焚烧尸体，而是将尸体掩埋，自公元3世纪以来，罗马各省许多居民就是这样做的。另一方面，脱离者与投诚者形成的团体人数比"皇家野蛮人"人数更多，他们保留了一部分的日耳曼传统：他们会把武器放在死者的坟墓上，而罗马人并没有这种习俗。

从那时开始，帝国内出现了许多野蛮人聚居区，可以发现一种奇怪的现象：生活在脱离者与投诚者周边的罗马人开始模仿他们新邻居的某些风俗习惯，尤其是着装与农耕。

这么说，罗马人出现了"蛮化"现象，就像野蛮

人出现的"罗马化"现象?

正是这样。历史学家把这种现象叫做文化相互同化。

联　邦

既然罗马人让野蛮人定居在他们的土地上,那么是不是就是说大规模入侵并没有真正发生?

你知道的,公元276年野蛮人曾大举攻打"界墙"。而公元4世纪末开始,同样的事不断发生。对于当时发生的事我们现在了解得更加详细。从中亚开始,匈奴人领导的一支庞大的联盟军慢慢侵入西欧。这些侵略者击败了罗马人所说的斯泰基人,而斯泰基人击退了日耳曼人。这就有点像是多米诺骨牌。骨牌的终端是罗马帝国,它受到疯狂的部落一波又一波的猛烈进攻。你觉得,罗马要怎样才能抵挡住这些进攻呢?

让野蛮人定居在他们的领土上?

说得太对了!罗马人一直都在实施这样的策略。只是这次,涉及的不是诸如"皇家野蛮人"这样个体的人,而是成百上千的战败者,比如投诚者,或者各种小部落,比如脱离者。那时越过界墙的野蛮人数以万计。

数以万计?难道不是数以百万计吗?

不是,应该不是。我们掌握的极少数人口数量确定的部落是汪达尔部落。它有80000人,其中差不多15000人至20000人是士兵。比较一下,公元4世纪时期罗马的一个军团大约有1000人,而整个罗马有

174个军团！只要有钱，罗马应该有能力完全击败入侵的野蛮人。但是战争费用高昂，而经济情势很差。皇帝们又害怕有人篡权夺位……总之，无论是从经济还是政治角度看，相较于击退野蛮人，接受他们花费更少。

新来的野蛮人就这样像以前的脱离者一样定居下来了？

基本是这样，似乎原则还是没变。即使不是接受了整个民族，那至少也是接受了他们的国王与贵族。那些人不可能变成淳朴的农民，罗马的将军们时不时要求这些农民完成低贱的军事任务。罗马帝国创造了一个新的阶层，即"结盟的"野蛮人。字面意思是，一个与帝国签订了"条约"（拉丁语为foedus）的民族。根据这项协约，野蛮人承诺在所有的战争中都为罗马效力。作为交换，他们获得某个省的土地，在那里定居。第一个接受这种身份的部落是西哥特人，一群在376年穿过多瑙河的东方野蛮人。他们从瓦伦斯皇帝手上获得了希腊北部的土地。

所以一切都进展顺利？

不尽然。以西哥特人为例。他们一旦在希腊定居下来，便只想安静地生活，但是他们没什么可吃的东西。罗马的商人狡猾地建议他们卖掉自己的孩子来换取粮食。西哥特人当然非常生气，于是他们就地起义。瓦伦斯皇帝想用自己的军队镇压他们，但是最终于公元378年在安德里诺布尔①被打败。但是，胜利对于饥饿的西哥特人而言没什么意义。于是，他们与新皇帝狄奥多西签订了第二份协约，皇帝保证定期向他们提供食物。而20年间，结盟的西

---

① 今土耳其的埃迪尔内。

哥特人为罗马军队效力。后来罗马帝国在政治上越来越弱，最终停止了食物供给。于是我们的野蛮人再一次起义，掳掠了希腊。皇帝向他们提出了第三份协约，但后来又毁约。西哥特的国王阿拉里克一世要挟皇帝，他占领了罗马，为自己的子民争取食物。皇帝没有把他当一回事。但是他失策了，因为公元410年8月24日阿拉里克攻占了城市。

> 阿拉里克到底还是一个野蛮人，他毁了罗马！

你说的话有点道理。但是阿拉里克之前就从皇帝那里获得了"军队长"的称号：他是一名正式的罗马军队将军，也就是说他不仅仅是一位西哥特国王。而且，他还要求自己的士兵不要焚烧罗马城。他只允许大家抢掠三天，不允许更多。西哥特人想要对皇帝施加压力，好获取生活的物资，但是他们压根没想推倒帝国。事实上，帝国一直都是他们唯一的雇主。

野蛮人的出身

你先讲到了日耳曼人和斯基泰人。现在你又在讲汪达尔人和西哥特人。他们是同样的野蛮人，还是属于不同的民族呢？

你提了一个我没有办法回答的问题。很长时间里，历史学家都认为公元3、4世纪出现的野蛮民族，比如法兰克人、汪达尔人、西哥特人都来自遥远的地方。古书告诉我们，他们出现在波罗的海的沿岸。但是后来有资料证明这些书写作的年代要迟很多，大约在公元6世纪或者公元7世纪，它们的作者为了讨好当时的国王，重新构建了野蛮人的历史。

学校里的老师给我们看了一些地图，上面有很多明显的穿越欧洲的箭头，它们再现了野蛮人在陆地上的迁移路线。这是真的吗？

现在还不能确定。我们猜测某些野蛮人部落从斯堪的纳维亚出发，他们中大概有最早的法兰克人、勃艮第人或者西哥特人。一路上，他们遇到了其他的野蛮人部落，这些野蛮人加入了他们。这些新来的人大概沿用了早先斯堪的纳维亚野蛮部落的名字以及习俗。一个民族就这样慢慢由一个个小小的迁移部落构成。专家称之为"民族的诞生"。

这是一个美丽的故事。就像法国一样，有些人是法国本土人，有些人是外国人，但是，最后大家都成了法国人。

的确如此，这样的看法很宽容。但是历史学家正是在20世纪60年代创造了民族诞生理论，他们研究了法国国家的构成。他们想要相信野蛮民族与20世纪的欧洲人很相似。但是如果认为历史总是以同样的方式在重复，这是很危险的想法。在过去的几百上千年里，我们的国家当然经历了本土人与移民之间的融合。但是这并不能说明同样的现象也发生在古希腊、古罗马的末期。

可是，如果不是这么回事，那么新的野蛮人又是怎么出现的呢？

有可能是，边境上极其罗马化的一些野蛮人在公元3世纪或者公元4世纪时忽然改换了名字。那个时候，他们自己的部落中可能接收了许多蛮化的罗马人，这些罗马人受够了皇帝对他们征收的苛捐杂税。你知道，有些野蛮人民族的名字非常奇怪："法兰克人"这个词的意思是"勇敢的人"，阿拉曼人指与"所有人"（日耳曼语形式alle-man）相似的人……

你想告诉我，罗马帝国可能是被一些装扮成野蛮人的罗马人摧毁的？这些人是为了少交一点税？

我知道这听起来有点让人困惑。但是，你要明白，在公元 7 世纪，阿拉伯军队中有很多信仰伊斯兰教的罗马人，因为他们真的无法再忍受国家的苛捐杂税。也许在罗马帝国末期，野蛮人也遭遇了一样的事。历史学家和考古学家还在研究这个问题。

3
野蛮人的模样

公元 5 世纪中叶,所有伟大的野蛮人民族已经全部成形,他们已经在罗马帝国的一个省接受了"联盟者"的身份。

现在,该由我向你提问题了。你知道这些野蛮人长什么样吗?

这很简单!他们身材高大,脏兮兮,留着长发。还有一些人拿着巨大的斧子。

这是电影中他们的样子。但是,你要知道,好莱坞的导演通常根据历史小说进行创作,而这些小说的作者也是读了以前历史学家的作品。你刚刚向我描述的野蛮人的模样恰恰是罗马的作家们对野蛮人的描述。再次强调一下，这种描述并没有错，但是这依然涉及视角问题。

外　貌

我们从身高讲起。所有的罗马作家都告诉我们野蛮人身材高大。事实上，根据对他们骨骼的研究，野蛮人一般身高1米70，超过1米80的人并不少见。当然，我们不能说他们是巨人。但是，在同一时期，罗马军团士兵的一般身高是1米62。准确来说，罗马人与北方的这些邻居相比觉得自己身材矮小。

为什么野蛮人个子更高？

很简单，因为他们吃得好！比如，他们吃更多的奶制品。罗马人的地中海饮食习惯主要以谷物为主，生长期的孩子容易营养不良。总体来说，野蛮人的身体更加健康，虽然到了一定年纪后更容易肥胖。

那野蛮人比罗马人脏吗？

并没有，但是罗马人觉得是这样。野蛮人用一种黄油制成的洗发膏。罗马人的鼻子不习惯这种味道；他们觉得野蛮人真难闻。而罗马帝国内，许多希腊人和罗马人使用橄榄油搽身体。可能野蛮人也觉得很难闻呢，但是他们没有留下相关的文字。

野蛮人真的留着长发吗？

有些野蛮人的确披着一头浓密、飘扬的长发。尤其是墨洛温家族的法兰克人，很快就会和你讲到他们。但是其他野蛮人的头发其实非常短。我们在他们的墓穴中总是能找到的一样东西，就是梳子：所以，无论长短，野蛮人的头发应该总是梳理得整整齐齐。诚然，在罗马人的雕塑中，日耳曼人总是一头乱蓬蓬的头发。其实这只是一种约定俗成的看法，因为罗马人觉得一个人头发的整洁度是文明的象征。野蛮人被当做野人，所以雕刻他们时，就把他们的头发弄成乱糟糟的样子。因为同样的理由，想要生活在自然状态中的哲学家第欧根尼总是被描述成头发凌乱的样子。

但罗马人有时不得不怀疑，野蛮人其实并不是大家所说的那样长着浓密的毛发。公元460年，一个叫做希多尼乌斯·阿波黎纳里斯的奥弗涅议员发现西哥特人国王每天早晨都会剃胡子，他被震惊了！

武　器

他们真的用斧头打架吗？

这个问题，我可以更加简洁地回答你。野蛮人会用自己的军事武器陪葬。一般而言，一个士兵越厉害，其墓穴里的武器就越多。在法兰克人士兵的墓穴中，我们找到了一些斧头，我们称之为"法兰克战斧"。但是这些斧头并不是我们现在经常在电子游戏中所看到的那种双刃长斧，而是一种短斧，只有一个刀片，非常坚硬，但是平衡性很棒。实际上，野蛮人的斧头主要是一种投掷的武器。方法得当，它可以精准地投到十五米开外。而且，法兰克战斧不占地方，士兵们通常把它挂在腰上。这是一种适合突袭的杀人武器。

野蛮人有其他武器吗？

大部分人都擅用长剑。法兰克人尤其擅长锻造一种既柔软又坚硬的刀片，它集合了铁与钢的多种优点。面对这种武器，罗马军队的短剑根本无法抵抗。因为野蛮人非常喜欢自己的剑，他们的剑柄通常会镀金，上面刻着古文，即巫术中使用的日耳曼字母。

当然，只有首领才能使用如此奢华的武器。底层的士兵只能使用更加简陋的武器。比如，法兰克短刀，这是一种单刃短剑，但是功能很多。还有一种长枪，铁制的尖刀镶在木制的手柄上，并不是昂贵的武器。另外，所有的士兵当然都擅长射箭。

古希腊、古罗马时期就没有创制出新武器吗？

一般而言，野蛮人使用的武器源于改良、改造后的罗马人武器。但是他们自己也创制了一些武器，比如双钩标枪。这是一种长标枪，手柄几乎全部是铁制的，尖刀部分是鱼叉的形状。战争开始前，士兵将标枪投向敌人的盾牌，让它留在盾牌上。敌人很难将标枪拔出来，因为尖刀有倒刺，他更不能把它折断，因为手柄是金属制的。敌人不得不拿着歪歪扭扭的盾牌作战。这样，野蛮人在肉搏前已经占据了优势。

为了防御，野蛮人会不会像骑士一样穿上盔甲？

首领会穿上缝有金属环的护胸甲，我们称之为环甲。但是这种保护装备非常昂贵。一个好的头盔也非常昂贵。普通士兵只有一个木制的盾牌。但这些都不重要。野蛮人的力量在于他们士兵的数量以及团结。在他们那里，任何一个自由的人都是一名士兵，哪怕他配备的武器只有一把弓、一根木矛。

他们骑马吗？

我们一直说装备的价格。一匹优良的战马大约相当于20头牛的价格。只有野蛮人首领才能买得起这样的坐骑。并且，不得不承认，士兵在攻打敌人时，如果没有马镫来固定双脚，那马也没什么用。

野蛮人直到公元 7 世纪时才发明了马镫；之后又花了 200 年的时间改良了马镫。因此，马主要还是一种身份的象征，它确立了社会等级。骑在战马上，野蛮人首领指挥站着作战的士兵。所以，一个人与自己的坐骑一起被埋葬的情况也不少见，这是为了显示他的富有与权势。

服　装

野蛮人穿什么样的衣服呢？

很多野蛮人都穿着较短的麻布裤子，我们称之为"布雷裤"。高卢人也穿这样的裤子，一开始这让罗马人觉得很好笑，因为他们只知道长裙和长袍。但是，从公元 4 世纪开始，他们意识到裤子在打仗时很方便，所以也接受了这样一种潮流。古罗马末期，裤子完全战胜了长袍！

女人也穿裤子？

很多女人都穿短裤，但这又是另一个故事了……事实上，她们的着装与住在外省的罗马女人的着装并没有很大的不同，都穿着长袍，里面穿着长裙。她们头上戴着头纱，用来固定发型。她们用夹子以及我们叫做扣钩的别针来固定衣服和头纱。这些饰品通常用珍贵的金属制作而成，用琥珀和石榴石做点缀。

石榴石是什么？

这是一种深红色的石头，非常漂亮，非常坚硬。野蛮人很喜欢这东西。它被用来装饰女人的扣钩、男人的宝剑、钱袋上的扣环以及大家别在腰上的杂物袋。石榴石产自很遥远的地方，一般是从印度或者锡兰——今日的斯里兰卡——而来。野蛮人必须通过贸易才能得到这种石头，这就表明他们不仅仅是粗鲁的士兵。我们在他们的墓穴里还发现了产自阿富汗的宝石以及产自波斯的水晶盘子。

为什么野蛮人会同自己的武器、衣服、马还有珠宝一起安葬呢？

考古学家对此并不很清楚。一些日耳曼的异教徒深信有一座天堂，在那里，死去的战士要同神旁边的怪兽战斗。野蛮人也许预料到了这种情况，所以想带一些装备去那里。

但是，几年前开始，有人认为信基督教的野蛮人也会与武器、珠宝一起安葬在教堂里。所以，现在大家觉得这种丧葬形式具有一种社会意义，是为了向邻居（以及向敌人）显示自己的富有，因为他允许把金子以及昂贵的武器与死者一起下葬。同马一样，埋葬的财物向大家显示了死者的社会阶级地位。

这种风俗可能还有一种种族意义：一个人与自己

的武器、宝石一起下葬，可以表明自己是野蛮人而不是罗马人。在当时大家都相互不了解的地区，这是很重要的事。

4
野蛮人国家的建立

你同我说，野蛮人是非常厉害的战士，他们作为联盟者为罗马效力。但最后推翻罗马帝国的也是他们吗？

某种意义上说，的确如此。但是真实的历史要比这更加复杂一点。首先，自公元395年以来，罗马帝国的皇帝不止一个，而是两个。一个在意大利，待在罗马、米兰或者拉文纳。他统治西边各省，即意大利、高卢、布列塔尼、西班牙和北非。另外一个皇帝驻扎在君士坦丁堡、博斯普鲁斯海峡，统治东边的各省。君士坦丁堡的旧名为拜占庭，所以我们称他为拜占庭皇帝。

但是，罗马帝国的这两个区域对野蛮人实施了不同的战略。东罗马人雇用野蛮人作为雇佣兵，而西罗马人则把野蛮人当做联盟者。

这有什么不同呢？

对于野蛮人而言，这基本是一回事。但是对于各自的主人而言，事情就不一样了。东罗马帝国的皇帝要付钱给雇佣兵；所以，他不得不增加税收。尽管臣民都表示抗议，但是最后一般都乖乖缴纳。而西罗马帝国的皇帝则把土地当做工资赠予联盟者；这样他就没有什么花费，但是一些地方就完全被野蛮人所控制。

住在那些赠地上的罗马人不会反对吗？

皇帝赠予的土地一般都是被国内战争或者外族侵

略破坏的地区。联盟者到来时，他们带来了和平。因此，原来的居民并不讨厌野蛮人来到他们那里，因为野蛮人比罗马军队更好地保护了他们。另外，联盟者不善计算，他们很难算清楚应当征收多少税。这样纳税人就很高兴。最后一点，野蛮人居住的地区依然属于罗马帝国。居民依然依据罗马法律接受审判，他们的生活没有发生很大的改变。

如果西罗马皇帝把自己的领土都分给别人了，那他还剩什么呢？

基本不剩什么了。418年，阿基坦和西班牙被赠给了西哥特人。几十年后，北高卢地区被赠给了法兰克人。公元5世纪50年代，勃艮第人入住罗纳河河谷，苏维汇人进入现在的葡萄牙地区。同一时期，汪达尔人占据了北非地区。至于大不列颠地区（英国），皇帝宁愿不要，因为他没有办法守护那个地方。益格鲁与萨克逊人在岛上罗马人的要求下占领了那个地方。

简言之，公元5世纪中叶，从理论上看西罗马帝国领土完整，但是皇帝只对意大利有直接的统治权。况且，政治的决策权也不在他手上。我已经和你说过，罗马军队的整个高层都由野蛮人出身的将军构成。从公元456年开始，这些军官开始执行重要的决策。他们甚至推选了新的皇帝。

这种情况下，皇帝还有什么用？

从实际角度看，皇帝已经没有任何作用。但他是一种象征，要摆脱是非常难的事。你知道，野蛮人之所以被各个地方的罗马人接受，是因为他们是联盟者而不是侵略者。如果皇帝就此消失，那么对土地的占用将失去合法性。

公元476年，最后一位伟大的野蛮人将军奥多亚塞想到了一个绝妙的主意。他废黜了西罗马帝国的皇帝——年轻的罗慕路斯·奥古斯都，然后让东罗马皇帝芝诺继位。罗马帝国正式统一。作为交换，芝诺承认奥多亚塞联盟者的身份并且任命他为意大利国王。从公元476年开始，西罗马帝国不再庇护曾经罗马各省的野蛮人王国。所有人都正式成为拜占庭王国的臣子，但是实际上，他们又享有完全的自由。

所以公元476年罗马帝国就此灭亡了？

是的。很多历史学家都把这一年看做古罗马与中世纪的分界线。但是历史并不会如此泾渭分明。野蛮人用了很长的时间才被承认是帝国的联盟者。在他们制造的钱币上，法兰克国王或者西哥特国王从来不是指他们自己的国王，而是指君士坦丁堡的罗马皇帝。他才是正式的、绝对的主人。而且，野蛮人总是痴迷于罗马的各种荣誉头衔。所以公元6世纪初，勃艮第的国王们给罗马皇帝送去口信，要求他授予他们"高卢军队之主"的封号。公元508年，法兰克人克洛维斯也接受了罗马执政官这一荣誉称号。

总而言之，公元476年，罗马帝国的政治结构在西罗马地区已经消失，但是心理结构继续存在了好几个世纪。这种对过去的怀念如此强烈，以至于好几位蛮族国王都渴望自己能当上帝国的皇帝。

但是拜占庭皇帝一直都在啊。他就不想把野蛮人赶走吗？

拜占庭皇帝当然想这么做，但是他无计可施。他的军队一直都在东边的边境攻打波斯人。他不得不耍花招。比如，公元480年，芝诺皇帝命令东哥特人（雇佣军之一）去驱逐意大利的奥多亚塞。东哥特人最后赢了，但是奥多亚塞被消灭后，他们拒绝离开意大利。芝诺不得不承认他们联盟者的身份。最后，他只是用一个蛮族取代了另一个蛮族！

另一个拜占庭皇帝查士丁尼（527—565）想要重新夺回西部地区。他成功消灭了非洲的汪达尔人以及意大利的东哥特人。他的军队甚至占领了西班牙，引起了法兰克人的恐慌。但是西部地区各省的居民都害怕拜占庭军队的残暴。此外，查士丁尼的军队每到一个地方就把鼠疫带到那里。所以这一夺回领土的努力并没有让西部地区与东部地区更加靠近，反而更加疏离。自公元570年开始，好几个蛮族放弃了他们的联盟者身份，纷纷要求独立。同时，拜占庭人慢慢被赶到海边。公元568年伦巴第人攻占意大利后，拜占庭皇帝再一次失去了这片土地。

5
国王与王国

皇家制度

你许多次和我说到蛮族的国王。他们会戴皇冠吗?

不会,几乎从来不戴。实际上,皇冠是皇帝的专属物。只要蛮族人作为联盟者存在,他们就不敢篡夺这个罗马最高统治的象征。但是有其他方法去辨别国王。比如,法兰克人的皇家权力属于墨洛温家族。如果迎面走来一位墨洛温国王,我们不可能认不出他:因为他留着长发,而他的臣民都留着短发。所以法兰克人的国王很容易辨识,甚至可以说太容易辨识了。

打仗时，他的敌人一下子就能认出他飘逸的长发，然后就会第一个瞄准他。

盎格鲁-萨克逊族的国王也不戴皇冠，但是他戴着一顶非常重、装饰得非常漂亮的头盔。我们在东英吉利国王雷德沃尔德的墓穴中发现了一顶非常漂亮的头盔。另外一个权力的标志是长长的石头权杖，上面刻着青铜质的鹿像或者人像。

所有的国王都有宝座，类似于罗马以前的执政官的座位。在法国，我们保存下了达戈贝尔的宝座。

"好心的达戈贝尔国王"真的存在吗？

是呀，他生活在公元 7 世纪初，统治着大约欧洲一半的领土。但是，据我所知，他从不意气用事。他首先是一个伟大的政治家。

蛮族国王有什么权力呢？

他主要的权力都是军事上的权力。每年春天,他会征集本族的自由人去打仗。战争期间,他有绝对的权力。但是一旦卸甲归乡,他就必须服从本族人的风俗习惯。

你知道苏瓦松之瓶的故事吗?故事是这样的,某次战争中,法兰克人在一座教堂里抢到了一个银质的花瓶。他们的国王克洛维斯当时并不信教,但是他想与主教维持良好的关系,所以他想把这件器物还给他合法的主人。问题是,法兰克人习惯平摊得到的战利品,然后通过抽签的方式决定所有者。克洛维斯不能确定自己靠偶然能拿到这个瓶子。所以他命令士兵把东西直接交给他。一名士兵拒绝这么做,用斧头朝瓶子狠狠砸了一下。克洛维斯勃然大怒,但是他又无计可施,因为他不得不遵守本族的习俗。但是,一年后的春天,国王召集兵士,开始检查他们的武器。之前反抗他的那位士兵装备不到位。克洛维斯有权以此来实施惩罚,他用那个人的斧子砍了那个人的脑袋。

苏瓦松之瓶呢，它怎么样了？

几年前，历史学家发现克洛维斯已经把它还给了兰斯的主教。因为瓶子已经被斧子弄得有点凹凸不平，所以熔解后重新做了一盏酒杯和一个香炉。

所以蛮族国王就是一个战争首领？

是的，但是他也拥有民事权力，相当于皇帝的权力。比如，国王可以实施司法审判、任命官员、组织轧制钱币。每年一次，他会召集本族的自由人组成议会，我们把它称作公审会（plaid）。会上，大家商讨重大的政治决策，国王宣读新的法律条文并要求民众通过这些法律。

这些同民主制度很相似啊？

也许是。但是，你觉得如果国王觉得民众不会赞同他提出的政策，他还会召开会议吗？而且，统治者很少会颁布新的法律，只有当他们觉得有必要的时候才会这么做，比如打赢了一场仗。此外，只有贵族才能参加会议；穷人根本没钱跋涉千里去听国王发言。

国王自己撰写法律条文？

应该不是，但是他知道怎么写。法兰克皇室大量的文件都被保留至今，所有的文件上都有国王的签名。我们也知道，公元6世纪的一位国王希尔佩里克会写拉丁语诗歌以及神学论文。同大部分贵族一样，蛮族的国王会写字，但是封建领主几乎都是文盲。

皇 宫

国王住在皇宫里吗？

是的。但是事实上，"皇宫"这个词并不是指建筑，而是指王国的行政部所在的地方。比如，法兰克人的国王一直都在迁移。他有好几十片开阔的地盘，他可以在那里歇脚，然后再上路。国王住在哪个地方，那个地方就是"皇宫"。但是，这种宫廷的迁移并不是野蛮人独有的行为：罗马皇帝自己也是一个一直在路上的人，从公元3世纪开始，他几乎没有在罗马待过。

但是，有些蛮族拥有一个真正的首都。比如西哥特人公元5世纪在图卢兹、公元7世纪在托莱多建立了首都。东哥特人的皇帝狄奥多里克大帝在意大利的拉文纳建立了一座大皇宫，它的礼拜堂被保存至今，贴满了彩色的马赛克，正是罗马皇帝喜欢的样子。

野蛮人的皇后有什么作用呢？

大部分时候，皇后只是皇帝的妻子。她没有任何实质性的政治权力，但是她承担一部分为皇宫提供食物的责任。不过她可以向自己的丈夫谏言，这使她成为一个有影响力的人。

某些时候，如果国王去世，而继位者年纪特别小，那么皇后可以摄政。她执行最高权力。东哥特人的阿玛拉逊莎就是这种情况，她是狄奥多里克大帝的女儿，法兰克人的布鲁诺奥与弗雷德贡德也遇到了这种情况，这对"姐妹"分别以自己年幼的孩子的名义统治国家。皇后几乎从来不会出现在战场上，但是她们的统治方式并没有因此比男人的统治更加柔和。因为她们很清楚自己比国王更容易被指责，所以这些野蛮人的皇后手腕强硬。

国王与王后身边还有哪些人呢？

皇宫里还有国家的各个部门以及国王家族内部的仆人。为国家服务的人被称为高级官员。比如宫廷大臣，他撰写官方文件、保管皇帝的印章。内廷总管是财政部部长，他负责管理王室的珍宝。货币总管负责货币的轧制——圣-埃卢瓦在公元7世纪30年代掌管这一事务。至于陆军统帅，他负责皇室的种牛马场，在那里可以养出最凶猛的战马。

在官员旁边，还有纯粹的仆人。他们由皇宫的宫相统一管理。随着时间的流逝，我们发现在公共事务与私人事务之间存在一种交融。公元7世纪，法兰克的宫相可以说成了国王的总理。

野蛮人的国王会把他抢来的东西放在他的珍宝库里吗？

的确，大部分的战利品都被收入珍宝库。但是里面还有税收收入、其他国王赠送的外交礼物、皇帝有时赠予他们的金子。此外，国王还会把承载着人民重要记忆的物品放在里面。西哥特人在公元7世纪时期还保存着一只巨大的银盘，这是两百年前罗马帝国为了感谢他们在对抗阿提拉时做出的贡献所赠予他们的礼物。在伦巴第人那里，我们可以看到他们敌人的国王坎尼蒙德的脑袋，他们把它做成了一盏酒杯。

我在《高卢英雄传》中看到过这个！

对，不过这肯定不是一种流行的做法。除了坎尼蒙德的脑袋，并没有其他的脑袋被做成餐具。伦巴第的史学家在描述这件物品时自己都觉得有些恶心。

国王的宝库是不是守护得很严密？

国王的宝库是国家的象征。如果失去宝库就意味着失去了国家。所以国王会十分谨慎地派可靠的人去守卫王宫。国王的贴身护卫又叫做"义勇卫队"（truste）。这个词是从日耳曼语"义勇"（trust）这个词演变而来，它的意思是"信任"。队伍中的成员，即近臣，形成了一支精英队伍；战争中，他们始终在国王左右，如果国王不幸身亡，他们将与他同亡。作为对这种忠诚献身的回报，国王赠予他们武器、土地以及与他同桌进餐的权利。能够进入义勇卫队是一种无上光荣。

> 这有点像中世纪时期骑士对封建领主的臣服。

是的，义勇卫队要宣誓忠诚，以此换取国王赠予他们的土地或者好处。这便是封建社会臣属关系的原型。但是这些风俗习惯当时只属于日耳曼世界。比如，国王会送给贴身侍卫一枚金指环，象征着两人之间缔结的关系。侍卫把这枚指环烧制在自己宝剑的手柄上，一直将它带入坟墓里。因此，斯堪的纳维亚的史料称国王为"指环赠予者"或者"指环王"。我们从中可以看到与托尔金构建的世界的关系。

地方行政管理

国王是怎样掌管自己的王国的呢?

整个欧洲,除了大不列颠地区,野蛮人都延续了古老的罗马城邦制。拥有城邦的人对领土进行管理。为了避免城邦造反,国王为每座城任命了一位官员,即伯爵。与罗马帝国时期相同,伯爵是一位公务员。也就是说他领取国王的薪俸,但是他可能会因为一点点错误就被调走或者撤职。他必须主持正义、向王宫上交缴得的税收、征集自由人去打仗。

所以伯爵不能把自己的位置传给儿子？

不能，除非国王允许。事实上，有时会发生这种情况：如果国王对某一个家族十分满意，他就会允许官位的世袭。但是伯爵也可能在他入职几周后被撤职，如果他的言行举止不当或者能力不够。

伯爵一个人做事？

有一些公务员协助他工作，但是人数并不多。这也是问题之所在。罗马的一座城市包括大约相当于法国一个省那么大的领土。所以一小撮人要负责管理一整片地方，但是在罗马帝国时期，这份工作由好几百位官员负责。

国王没有其他官员了吗？

如果情势需要，国王会任命一位"高级-伯爵"，即我们所说的公爵。他管理好几个城市，一般都位于面临侵略威胁的地区。他在那里负责协调防御工作。国王还设立了王国与伯爵领地之间的联络官，我们称之为"钦差"。但是在查理曼大帝统治之前，"钦差"的数量非常少。

所以城邦完全是自治的？

不完全如此。首先，从罗马帝国时期还遗留下一些城市执政官。虽然大部分基本没有作用，但他们可以负责国内人口登记、税收。另外，每一座城市都有一名主教，他有时可以辅佐国王。但是，整体而言，正如你所说，执行命令是一项困难的任务。正因为如此，野蛮人时代的名声一直不好。

6
暴力社会？

据说野蛮人之间一直都在打仗？真的吗？

不管怎样，伟大的编年史作家告诉我们是这样子的，尤其是都尔的额我略，他认为法兰克人就是如此，圣依西多禄认为西哥特人也是如此。其实，野蛮人的社会并不比罗马社会更加残暴。只是他们用一种司法之外的规则来解决冲突，而没有真正通行的法律，这是国家力量比较弱的社会非常典型的现象。

我不明白你的意思。

的确有点复杂。我来找一个例子。比如，把人类社会比作一个操场。如果一个学生打了另一个学生一拳，会发生什么事？

老师会过来，她会惩罚那个打人的学生。

的确如此，这就是一个国家很强大的社会中会发生的事，比如罗马帝国。如果有人违法，权力的执行者——比如皇帝或者某一个官员——会进行审判，惩罚有罪之人。罗马的司法机构可没这么温柔，相信我。它会严刑拷打，用尽手段折磨犯人身体，并且毫不犹豫地执行死刑。执行的方式也异常残酷：把犯人钉在十字架上或者把他扔到圆形剧场的狮子群中。我们经常把这些罗马的"野蛮行径"忘得一干二净，因为这是国家实施的暴力。

现在让我们回到那个操场。老师不在那里，没人照看你们，一个强壮的大胖子给了你朋友吉勒狠狠一拳。之后会怎样?

吉勒会努力保护自己。

他一个人?

当然不是,我会帮他。他的堂兄戈萨维也会过来,他比我们大两岁。我们三个人应该可以好好教训一下那个家伙。

这就是国家权力比较弱甚或不存在国家的社会里发生的事。为了抵抗暴力,大家会诉诸复仇,即一种法律之外的手段,对错误的事进行修正。就像你的朋友吉勒,野蛮人并不是疯子。他们不会独自一人复仇,而是有家人以及朋友的支持。

说实话,如果你的朋友被人揍了,你知道自己为什么必须出手?

因为，如果我遇到这样的情况，他也会为我做一样的事！

的确如此。因为你觉得集体必须团结一致。如果你不参与到共同的攻击或者复仇行动中，你会觉得自己没有面子、受到了侮辱。这种集体感，一旦被内化，就是我们所说的荣誉感。野蛮人构成的社会里，这种荣誉感是最重要的价值。仔细思考一下，这其实是一种理性的感受。但是当你在额我略的作品中读到一个人为了他一个朋友的远亲的孩子报仇而杀死了另一个人，这看起来完全是一件疯狂的事。

现在，告诉我，如果有人打了吉勒的小妹妹熙乐维一拳，你会怎么做？

他不能这么做！不能打女孩子。如果遇到这种事，我和我的朋友，我们会狠狠教训那个人一顿！

我不知道这是不是一个好主意……但是，你的这种反应正是一个野蛮人会做出的反应。的确，在朋友与亲人构成的集体里，有些人更能激发他人的荣誉感。尤其是女性，因为她们生育孩子，也就是说她们是某个集体未来的保障。如果她们被侵犯，就会引起更加激烈的复仇，因为你也知道，复仇总是比我们认为受到的侮辱要激烈很多。

所以，如果我没有理解错，野蛮人总是一群人与另一群人、一个家族群与另一个家族群相互打斗？

理论上可能是这样。再回到那个操场。现在是你们打架后的第二天，依然没有老师在那里看着。那个又高又大的家伙又想打你的朋友吉勒。他真的会这么做吗？

我不确定。他应该知道，戈萨维和我，我们会保护吉勒。他会小心行事。

我也觉得他会保持距离。如果他不这么做，他的朋友也会让他规矩一点。野蛮人社会也是一样的情况。大部分时间，不同的家族群、朋友群彼此害怕。他们知道，不经意的一次侮辱就会引发一系列的暴力行为，任何人都得不偿失。所以，彼此之间的这种恐惧有益于让社会保持相对和平的状态。

野蛮人最终终结了一切暴力？

想得太美好了。假如大个子没有打你的朋友吉勒，但是他偷了他的一支笔。这只是微不足道的一次冒犯，但是它依然伤害了你们集体的荣誉。为了挽回局势，你觉得必须在操场上挑衅小偷。而他的朋友会揍你一顿……最终，很小的一次意外有可能把你们卷入一次集体性的殴斗。

野蛮人把这种报复的串联机制叫做"faide"。通常，它会引发两个敌对群体之间一系列的死亡，有时会持续好几十年，甚至好几代人。法兰克比比尼德家族与阿吉洛尔芬家族之间的仇杀持续了大约两个世纪，虽然其间有过相互妥协。

总之，一个国家政权比较弱、建立在荣誉感基础上的社会可以拥有和平。但是必须每个人都具有极其冷静与深思熟虑的性格，这样才能避免各种争端。野蛮人的国王很清楚这一点。这就是为什么他每年春夏都会把自己的战士带去国外打仗。战争是可以让野蛮人发泄的场所，从而避免社会内部产生不和。

为了限制臣民的暴力行为，国王能做的就这些吗？

不是，国王还有其他的处理方法。其实，他制订了法律，这些法律主要就是为了阻止族群之间的不断仇杀。比如，国王向臣民指出：不应该以牙还牙、以眼还眼。除了报复之外，可以接受敌方的一笔金钱。我们把这笔钱叫做 wergeld，即"人命钱"，因为通常这是偿清杀戮的方式。因此，如果被杀者的父母接受了这笔死亡费，他们就会宣誓就此两清，放弃任何形式的复仇行为。

你是说荣誉对于野蛮人而言是可以用价格来衡量的？

对于我们这些去电影院看过西西里黑手党故事的人而言，似乎很难去相信这种事。但是野蛮人觉得"人命钱"已经足以让敌人受到折磨，好让他们终结暴力行为。并且，国王在计算这笔费用时非常谨慎，因为某个群体中的不同成员承担的荣誉费不尽相同。比如，对于法兰克人而言，杀死一个男性自由人所要承担的"人命费"为 200 个金苏。但如果是一个年轻的女人，那么就会增加到 600 苏，甚至更多，比如说她已经怀孕了。相反，如果杀死了一个老年奴隶，那么只需要支付几十苏。

所以只要能向敌人的父母支付"人命费"就可以杀死这个敌人，然后还大摇大摆地离开？

理论上说可以。但是200苏相当于半公斤的纯金。要支付这么一笔高额的费用，杀人犯必须求助于自己的家人以及朋友，而那些人未必愿意支付，所以很可能他们会杀死他，从而避免破财！简而言之，一笔高额的"人命费"可以有效地保住一个人的命。国王很清楚这一点：这就是为什么他的贴身侍卫，即近臣，可以享受最高的"人命费"。

野蛮人的国王还有什么其他的办法来阻止暴力行为呢？

他还可以运用间接的方法。比如，想象一下，一头牛被偷了。只有两个嫌疑犯。伯爵审问他们，这两个人都在上帝面前发誓自己是无辜的。显然，其中有一个人在说谎，但是没办法知道是哪一个。如果伯爵不能解决这案件，那么两家人很可能会大怒，也许就会开始无休止地相互报复。在这种情况下，国王允许伯爵实施一种神意审判，即让上帝来进行审判。端上一只装满了沸水的锅，锅底是一只小小的指环。两个嫌疑犯必须把手伸到底部，第一个取出指环的人即无罪。

这可真傻！

你这么觉得吗？18世纪的哲学家伏尔泰也这么想。他在文章里写道，野蛮人是没有理智的、残暴的、不公正的，因为是最能忍受痛苦的人而不是无辜的人被宣告无罪。

但是近几年，历史学家开始重新思考这个问题，他们觉得神意审判可能并没有它表面看起来那么愚蠢。首先，野蛮人都深信上帝的存在。但是那个对伯爵撒谎的人作了假宣誓，即他亵渎了神灵，这要比偷牛的罪严重多了。他的内心备受折磨。现在让他把手伸进沸水里，对他来说，如果他撒谎了，上帝就会惩罚他。你能肯定，当他靠近锅的时候，他一定会感受到地狱之火。

后来，历史学家又提出，野蛮人的法律并没有要求嫌疑犯第一次审判就接受神意审判。伯爵会要求他们等上一个星期或者一个月，然后接受神的审判。人在愤怒时或者在激烈的争论中往往容易撒谎，这可能会让他的家人卷入无止境的复仇中。但是几天过后，他平静了，想一想自己的所作所为会产生的后果，就可能会去见伯爵、坦白自己的罪行。所以，我们觉得伯爵所要求举行的神意审判可能从来没有发生过，因为其中的某个人很快就承认了自己的错误。

有没有其他形式的神意审判？

有啊，勃艮第人的法律规定可以进行司法决斗。如果两个人在某一个严重的案件中相互对峙，伯爵可以让他们进行死亡决斗。这其实是一种终极警告。伯爵大体上会这么和他们说："如果你们蠢到要走这一步，那么你们要注意了。不管怎么样，只要你们中的一个人死了，你们的家人就必须和解。所以，不如现在马上和解。"大部分时候，这种方法很有效，两个人更愿意协商解决。

总之，野蛮人的社会就像没有老师的操场，老师生病了，但是会把各种纪律都写在黑板上。

大致是这样。另外，我和你说过，野蛮人的国家非常弱，但并不是说完全不存在，比如公元10世纪与公元12世纪之间的法国。如果发生了连续仇杀行为，国王会保留管事的权力。因此，公元590年，图尔奈的两个大家族斗得你死我活。芙蕾德贡德王后就邀请他们去王宫赴宴，建议他们言归于好。但是两方人都不听劝，王后就让双方的族长喝酒，一直喝到酩酊大醉，然后命令仆人在他们各自的头上放一把斧子。这是一种以暴制暴的方法。但是野蛮人觉得这挺有效。

7
家　庭

夫　妇

既然家人会一起参加报复行动,那么家对于野蛮人来说应该非常重要吧?

的确如此,家是最基本的社会组织单位。这并不是说野蛮人的家庭和我们的十分不同。历史学家读过强调日耳曼地区家族关系的重要性的文章后很长时期内认为,他们是好几十个堂亲、表亲一起生活。但实际上,野蛮人的家庭与罗马人的家庭很相似:在同一屋檐下生活着父亲、母亲还有他们年幼的孩子。祖父、单身的姑姑可以与他们一起住，但是这种情况很少见。至于已经成家的孩子还有堂亲、表亲，他们肯定生活在其他地方。为了描述这种家庭形式，我们将其称为"有限的配偶单位"。

他们怎样结婚？

野蛮人的婚礼是一件非常重大的事。一个男人与一个女人结合，意味着两家人的结盟。缔结婚约可以让敌对的家族和好或者阻止长期的仇杀。通常由父亲来决定婚姻。他们的女儿不能发表意见，也不需要征求她们未来的丈夫的意见。

婚礼也是一件耗费财力的大事。一旦年轻女士的父亲同意了婚礼，未婚夫就必须送给丈人家一大笔钱，我们称之为 mund（彩礼）。通过这一行为，他表明自己从此以后会保护自己未来的妻子。之后举办婚礼，就像是一个盛大的节日。第二天，丈夫会送给自己新婚的妻子一件礼物，即morgengabe（日耳曼语的意思是"清晨的礼物"）。一般是金钱或者财物，如果丈夫忽然去世，这笔钱就能保证妻子的生活。

那如果男人没有足够的钱来支付"彩礼"与"晨礼"呢？

会有这种情况，比如一个穷小子想同一位富家小姐结婚。如果这样，只有一种解决方式：男人把女人抢走，带回家，然后和她结婚。野蛮人称这种行为为"抢婚"（rapt）。从法律角度说，这种行为是绝对禁止的，因为父亲并没有允许，他也没有收到"彩礼"。但是，文献资料上记载，这种冒险行为时不时就会发生。

抢婚造成了野蛮人婚俗方面的极坏印象。伏尔泰被吓坏了，那该是怎样的一个世界啊，男人竟然会绑架女人、和她结婚？事实上，你大概也明白，抢婚通常掩盖了其他问题，比如一桩爱情，年轻的女士可能自己要求爱人把她掳走。但是，有时这种表面上很暴力的行为成了迫使敌人和解的手段。因为，一旦婚事已成，女孩的父亲与她的丈夫理论上是一家人了。丈人就必须与自己的女婿和解，哪怕女婿不是他中意的人选！9世纪，弗朗德·博杜安伯爵抢走了秃头查理国王的女儿朱迪特（她其实完全是自愿的），终于成功成了国王的亲戚。

但是，如果谈判顺利，野蛮人就不会实施抢亲行为。实际上，年轻的女孩通常都被自己的家人管得死死的，许多想要抢婚的人最后在行动中不是被杀就是被伤。公元6世纪末，一个名叫楚巴的陆军统帅想要掳走勒芒教区主教巴德吉赛的女儿。女孩的母亲玛尼亚特鲁德早就预料到这一危险，便安排好守卫，埋伏闯入者。后来楚巴自己保住了性命，但是他的许多朋友都陷入了混战。

人 名

你和我说起的那些野蛮人的名字都好奇怪。他们的父母怎么给孩子取名呢？

必须注意的是，野蛮人不是像我们这样有名字又有姓氏。他们只有一个名字，这个名字由两部分组成。比如，Berngarius 这个名字由 bern 和 garius 两部分组成。假如 Berngarius 先生与 Framengildis 女士结婚了，他们要给自己的孩子选名字，他们会把他们自己名字中的各个部分进行组合。如果是给儿子取名，那么可能就会是 Framengarius，如果是给女儿取名，那么可能会是 Berngildis。因为婚姻的作用就是联合两个家族，所以父母双方把自己名字的一部分传给孩子是一件重要的事，这个名字代表了其家族身份的一部分。

我猜你接下来要问：名字组合的形式很有限，

如果一对夫妇有好多孩子，那要怎么办？在这种情况下，他们就会使用家族中其他成员的名字：如果Framengildis女士有一个姐姐叫做Adelgildis，那么她第二个儿子就可以取名为Adelgarius。

这种取名方法可真复杂啊！

你说得对，但是你可记得，野蛮人没有姓氏。所以他们的名字必须让人知道他们属于哪一个家族，这样的名字就显得很实用了。如果你遇到的一个人名字里含有sig-、mer- 或者hlot- 这几个字，那么你马上就可以知道他们是墨洛温家族的人。

为什么这种方法后来消失了呢？

首先必须懂一点日耳曼语才能懂得这些字音变化的意义。比如，bern 意思是"熊"，gar 意思是"长枪"，Berngarius 意思就是"抓熊的标枪"。但是，自公元 6 世纪开始，很多所谓的"野蛮人"家族不再讲日耳曼语。所以字音的变化就产生了不同的结果。我和你讲过法兰克王后芙蕾德贡德。这个名字，如果要翻译成法语，意思就是"战争-和平"。

另外，王室很早就形成了将祖先的名字赋予后代的风俗，字音都不变。比如，公元 470 年，西哥特人的国王尤里克给自己的儿子取名为阿拉里克，为了纪念曾经在公元 410 年夺取罗马的英雄。从公元 7 世纪开始，贵族也开始效仿这种做法，以至于到了公元 850 年整个社会都放弃了名字字音变化这一系统。

所以野蛮人的名字就彻底消失了？

你真的觉得它们消失了吗？事实上，很多野蛮人的名字都在中世纪末被引入了各个国家新的语言中。比如，Théodoric 成了法语中的 Thierry，而在德语中，它对应的是 Dietrich。同样，我的名字 Bruno 其实来自日耳曼词 brun-，意思是"铁甲"。女性的名字也一样，Genofeva 变成了 Geneviève，Aethelreda 变成了 Audrey。这样的例子有好几十种。

那我的名字纪尧姆呢？

它实际上与日耳曼名字 Wilhelm 有关，它包含两个音节，意思分别是"意志"与"头盔"。你的曾祖母说这是一个野蛮人的名字的确有点道理！因此，之所以有这个名字，是因为某个叫做 Wilhelm 的人非常有名。他就是纪尧姆·德·热罗纳，他是查理曼大帝的好伙伴，公元 806 年去世时留下一世英名。从此以后，他的家人就不想改变这个名字了，每一代人中的长子都会叫这个名字。

从孩子到成人

野蛮人怎么教育孩子？

父母一起分担孩子的教育。父亲将自己关于战争的知识教给儿子，一般是训练他们使用武器、带他们一起去打猎。5岁的孩子就可以用长矛去围捕狍子，虽然他们一般都有大人陪着，以防出现意外事故。家境不好的人家，父亲还要将自己的手艺传给自己的孩子。而贵族家庭则主要教孩子野蛮人的法律以及管理方法。母亲呢，负责教授怎么做家务事：她教女儿打理房子、管账以及纺羊毛。同时，她也经常会教孩子写字，不管是男孩还是女孩。

野蛮人不用去上学？

的确，你可能觉得家庭教育比较有限。不过，要学更多的东西，完全可以去学校。罗马的学校在高卢地区以及西班牙地区一直存在到公元600年。另外，修道院、教堂也提供高水平的教育，但是主要面向想要成为修士的男孩子。

其实，要想接受最好的教育，最好是去王宫。每一位野蛮人国王都会接收智慧超群的年轻人来自己的宫廷。这些人在王宫里享受"奖学金"的资助，接受公共会计学、管理学与外交学等教育。国王为他们提供食宿，拉丁语中大家称他们为nutriti，即"被喂养的人"。他们一旦成年，就可以获得很重要的管理职位。

所以学校并不是查理曼大帝发明的？

不是，这只是一个传说而已。查理曼大帝只是聪明地利用了野蛮人先王留给他的"养士"制度。

据说孩子们年纪很小的时候就会死去，是真的吗？

并没有一个一般性的规律。当然，要想长成大人，必须熬过幼年时期。但是，从出生到5岁这段时期，死亡率非常高。三分之一的孩子会在此期间死去。然后，还必须躲过少年时期的种种危险。家族复仇可能并没有造成大量的死亡，但是战争则是毁灭性的。要想活到成年，还必须能抵挡住各种传染病的侵袭，这些疾病曾经险些毁了欧洲。公元541年至公元592年，鼠疫侵袭了意大利、西班牙以及法兰克南部地区，成千上万人死去，其中很多都是孩子。至于年轻的女孩，她们一般12岁至15岁就结婚了，怀孕、生孩子对她们而言也很危险。我们知道，很多野蛮人的王后都因为生孩子失去了生命。

另一方面，就像我和你说过的那样，野蛮人的食物丰富而且多样。他们的医生医术也很高超：比如，他们知道如何治疗骨折、绑疝带。有些人可以活到很老。比如，利贝里乌斯，这位将军出生于罗慕路·奥古斯都统治之前，直到查士丁尼又打回来时，他还活着呢。他活到了89岁！至于兰斯的雷米大主教，他活了将近100岁，主教就当了74年！他甚至还能给控诉他的年衰体弱的同事回信！

8
野蛮人的宗教信仰

从异教到阿里乌斯教派

你和我说起过大主教、修道院。但是我一直以为野蛮人是不信教的。

古希腊罗马时期,所有的野蛮人都是不信教的人——即不信基督教的人,我们不是很了解他们的神与信仰。我们知道他们并不排斥把人作为祭品。弗里斯人把孩子沉入北海。至于勃艮第人,如果他们的国王没有打胜仗或者收成不好,他们就会杀死他。

公元4世纪中叶,许多野蛮人部落皈依了基督教。这很容易理解：罗马帝国自公元320年以来就已经是一个基督教国家，而野蛮人很快吸收了罗马文化的各个部分。西哥特人在公元340年至公元376年之间接受了洗礼，他们选择了皇帝信仰的宗教。问题是，那时统治罗马的公爵都是异端分子。

什么是异端分子？

这也与看问题的视角有关。意思是基督教里的野蛮人。大部分基督教徒，即我们所说的天主教徒，认为上帝由三个人构成，圣父、圣子、圣灵，这三者力量相当。而公元4世纪的异教徒认为，圣父的力量要远远大于圣子和圣灵的力量。他们因此追随亚历山大城一个名字叫做阿里乌斯的神父的教义。因此，我们把这些异教徒叫做"阿里乌斯教徒"。

西哥特人也成了阿里乌斯教徒？

是的，而且他们不是唯一信奉这一宗教的民族。很快，东哥特人也效仿他们。公元5世纪，汪达尔人、勃艮第人以及苏维汇人也纷纷皈依。到了公元500年，除了法兰克人和盎格鲁-萨克逊人，基本上欧洲所有的野蛮人都皈依了阿里乌斯教。大规模皈依异教影响了他们与罗马人的关系。

但是野蛮人已经皈依了皇帝信仰的宗教了啊！

你说得对，但是，有一段时间，罗马又重新变成了天主教国家。公元380年，狄奥多西一世把天主教作为国教。西罗马帝国消失后，信仰阿里乌斯教的野蛮人开始统治大部分信仰天主教的罗马人。很自然，各种矛盾开始出现。从此开始，国王不得不在诸多不同的意见之间进行选择。

第一种可能的做法是什么都不做。可以说，这种做法更加谨慎。野蛮人不到总人口的5%。如果罗马人因为宗教原因起身反抗他们,情况有可能变得很糟糕。因此,勃艮第或者西哥特的最高统治者表现出极大的忍耐力。

但是有些野蛮人想要逼迫罗马人改信阿里乌斯教:住在非洲的汪达尔人迫害天主教的修士,但是结果并不令人满意。

另一种方法,野蛮人的国王可以选择考虑设立两种国教:野蛮人可以信仰阿里乌斯教,而罗马人可以信仰天主教。东哥特人就实行了这样的政策。他们的国王狄奥多里克大帝作为野蛮人首领,出钱建造了阿里乌斯教教堂,同时作为联盟者意大利国王,他也出钱支持罗马教皇的慈善活动。这一方法真的很厉害。但是只有对政治敏锐的人才能保证它长期执行。

主教的权力

教皇是天主教徒的首领吗?

是的，从理论上说是这样，但是在野蛮人那个时代，教皇其实基本没什么权力。天主教教廷真正的领导者实际上是主教，罗马以前所有的城邦都有主教。罗马帝国的灭亡更是增加了他们的权力。除了主持弥撒、施舍穷人之外，他们还修复城邦的城墙、谈判和平条约、审判简单的民事案件。公元5、6世纪，大部分的主教还是很重要的，他们通常是以前罗马帝国的议员。百姓们都很尊敬他们，尤其是传言说他们还能制造奇迹。很多主教在死后都被尊为圣人。野蛮人的统治者们并不想触犯他们，与他们和谈是更好的选择。

在主教的眼中，信奉阿里乌斯教的国王们难道不是异端分子吗？

的确如此。从宗教角度说，天主教徒与信奉阿里乌斯教或者不信教的国王之间的关系应该很糟糕。但是，主教们认为有时必须在坚持原则的同时进行妥协，这样才能保护群体的利益。比如，公元6世纪初，阿尔勒有一位名字叫做塞泽尔的主教。他憎恶阿里乌斯教，写了很多文章抨击这一异教。但是，他又经常会帮助野蛮人的国王。作为交换，西哥特人免除了他的税收，勃艮第人给他送去许多的麦子，给他城里的人吃，东哥特人则送给他一只巨大的银盘。塞泽尔明白，与这些新的西方领主合作的话可以赢得一切。而那些国王呢，他们也明白可以放手让阿尔勒的主教去布道：他反对异教只是教理层面的，对他的政治忠心并没有什么影响。这种情况很普遍，可以说，为了守住自己的城邦，野蛮人的国王需要当地主教的支持，他随时准备好去收买他们。

但是你之前和我说过，国王在每个城市会任命一位官员，即伯爵。难道伯爵还不足以监管领地吗？

从理论上说，有了伯爵就够了。但是伯爵要带领人民去打仗，要参加庭审，还要应付王宫的召见……一般都见不到他。而且，每个人都知道伯爵可以被废除，而主教则会一直在位，直到去世。所以，当地人更加信任上帝派来的人而不是国王派来的人。

此外，还必须了解这一点，伯爵被派任的城邦通常离他的故乡很远。一般是国王栽培的一位年轻的"门客"，他往往精通税法但不善于处理人际关系。相反，主教是当地人。那里有他的家人支持他：父母、表亲、孩子，等等。

主教可以生孩子？

是的，大约在公元600年，男性在进入修会之前可以结婚生子。所以，在克莱蒙或者利摩日这些城市，主教职位可以世代世袭。

如果主教叛乱，国王会怎么办？

如果发生这种事，那么国王就陷入了一种灾难性的境地！他当然可以派军队去攻打主教，但是这种做法非常罕见。国王必须避免这种情况发生。所以，野蛮人的国家一旦建立，国王就会宣称自己有权力任命新的主教。理论上讲，每个城市都可以选出自己的主教。但是国王有权否决他认为不合适的人选，简言之，就是让他不满的人选。

所以，历史上才会有那些不可思议的事。公元490年，法兰克的国王克洛维斯是不信教的，但是任命阿拉斯主教的人正是他。10年后，罗马的修士要求信奉阿里乌斯教的国王狄奥多里克大帝任命新的教皇！

全国性的宗教皈依

但是，野蛮人的国王最后都变成了天主教徒？

的确如此，克洛维斯大约在公元500年接受了洗礼。在他之后，勃艮第的国王放弃了阿里乌斯教，转而信奉天主教。公元589年，西哥特人的首领也放弃了本族人古老的异教信仰。为什么这些人都改变了自己的信仰呢？我们对此一无所知。他们的决定当然是个人的选择。但是很显然，作为一个天主教徒来统治一个大部分居民都信仰天主教的国家要容易得多。而且，主教对皈依了他们同一种宗教的国王也更加顺从。

在这种情况下，为什么公元4世纪至公元6世纪期间，大部分的野蛮人依然信仰阿里乌斯教或者不信教呢？

你提出的这个问题很有趣，但是很难回答。为什么大家都断然改信罗马人觉得很糟糕的宗教呢？

你还记得我之前和你说过，野蛮人的统一性很脆弱，在这些所谓的"野蛮人"中，可能还有很多是隐藏的罗马人。这就意味着，西欧拥有政治与军事权力的人不太容易与他们所统治的罗马人区分开来。任何时候，罗马人都有可能混入野蛮人中。为了能保持野蛮人的身份以及保证自己的权力，野蛮人不得不建立一种专家们所说的"区分制度"。宗教的差异是最明显的区分制度。事实上，天主教徒不会同不信教的人或者异教徒结婚，也不会与他们同桌共餐。因为这种区分，野蛮人当然可以只和自己人在一起。他们可以一直被看做是与罗马人不同的群体。

那他们改变宗教信仰的那一刻，是不是也就意味着他们不再是野蛮人了？

从某种角度说的确如此。但是这种改变发生的时间很迟，在公元500年至公元680年之间，而每个民族情况又都不同。在那个时候，当一个野蛮人比当一个罗马人要更加光荣。因此，国家信仰的改变促进了百姓之间的融合，但是这种改变得益于新来的人。

比如，公元589年，西哥特人的国王瑞卡尔德同意信奉天主教。可以认为，西班牙百分之五的西哥特人从此往后都成了罗马人。但是事实完全相反：大约在公元630年，我们发现西班牙所有的居民都认为自己是西哥特人。宗教信仰的改变促使一个新的国家的诞生，这个国家以野蛮人部落的名字命名，但是它大部分的居民其实就是以前的罗马人。

所以，事实上，你觉得改变了信仰的野蛮人依然还是野蛮人？

不，我觉得你说得对。从他们成为天主教徒的那一刻起，不同的民族再也不是所谓的"野蛮人"了。但信仰的改变并没有让他们消失，也没有让他们完全同化为当地人。不过，这使得他们创造了一种新的融合的文明，我们称之为中世纪的基督教国家，它替代了罗马帝国。

在这个新的世界里，词义发生了改变。8世纪开始，"野蛮人"不再是指不会说拉丁语或者希腊语的人，而是指不信奉天主教的人。

所有的民族中，法兰克人最好地利用了这次思想的变革。他们的首领认为自己是天主教廷以及教皇的重要守护者。因为这一身份，他们最终实现了罗马世界与日耳曼世界的最终统一。公元800年的圣诞节，查理曼大帝要求获得罗马皇帝的封号，自公元476年以来，没有任何人使用过这个封号。他让大家称他为"查理，因上帝的恩赐，他是法兰克人与隆巴德人的国王，是罗马人的皇帝"。他并不否认自己是野蛮人的后代，但是，因为他现在是基督教徒，所以从此往后他代表了文明的顶峰。

9
新野蛮人

大约在公元 8 世纪末期,西欧所有的民族都皈依了天主教。他们与以前的罗马人混杂在一起,形成了未来几个国家的雏形,这些国家如今依然存在:法兰克王国是法国的前身,盎格鲁-萨克逊王国则演变成了后来的英国。

在基督教徒内部已经不存在什么野蛮人了,但是这个名字在中世纪时期依然存在,用来指称外面的民族。你知道是哪些民族吗?

中世纪时期的"野蛮人"

维京人?

说对了，这是一个很好的例子。斯堪的纳维亚人直到公元1000年基本都不信教。所以法兰克与盎格鲁-萨克逊的作家们认为他们是"野蛮人"，尤其是他们还袭击修道院。同样，查理曼大帝认为萨克逊人也是野蛮人，所以他打着文明与基督教的旗号，攻占了他们的国家，强迫他们接受洗礼。后来，斯拉夫人被指责是野蛮人，信仰的不同导致日耳曼国王展开了一系列反对他们的战争。

穆斯林也被认为是野蛮人？

是的，虽然这种观点没有持续很久。不得不说，欧洲人并不了解伊斯兰教。公元11世纪，十字军东征时，很多人依然以为伊斯兰教是一种异教或者一种奇怪的基督教。十字军东征时，经常会使用"野蛮人"这个词来指代穆斯林教徒。但是，从公元13世纪开始，交流变多了，欧洲人开始向往阿拉伯人的科学。十字军战士自己都学会了要尊重自己的敌人,他们认同他们的某些价值。大家依然继续把穆斯林教徒称作"不忠的人",但是"野蛮人"用来指不信教的人。

犹太人从来没有被看做野蛮人吗?

没有,犹太人在罗马帝国时期与罗马公民的身份相同。后来,他们保留了自己的特权。另外,除了西哥特的国王——他曾在公元7世纪时期迫害犹太人——真正的野蛮人都很保护犹太民族。这种容忍的态度从公元11世纪开始消失不见,但是基督教徒知道犹太人读《旧约》。所以,虽然他们认为犹太人与自己不同,但肯定没有把他们看做完全不同的异国人。

关于野蛮人的新观点

为什么我们现在还在用"野蛮人"这个词来指代残暴的人呢?

这种错误必须追溯到文艺复兴时期的意大利人了!16世纪,我们所说的人文主义者的知识分子们,想要在艺术与政治生活领域重新回到古罗马时期。在他们看来,野蛮人已经摧毁了罗马帝国所有的荣耀。比如,他们觉得是西哥特人摧毁了罗马城的历史古迹。

难道不是这样吗?

当然不是!的确,公元410年西哥特人在罗马城抢了三天三夜,但是你觉得他们想打碎雕塑或者推倒庙宇只是为了取乐?他们只想拿走金银珠宝。如果说罗马最美丽的古迹如今都变成了废墟,这是因为这几百年里城里的居民偷走了那些建筑的石头来建造自己的房子。但是这并不能阻止意大利人文主义者的观点占据了上风:我们现在依然把有暴力行为和谋杀行为——简言之"野蛮行为"——的人称作"野蛮人"。

我们也用"汪达尔人"来称呼那些砸东西的人。

是的,18世纪,学者们重新阅读了天主教主教写的文章,这些主教控诉汪达尔人的迫害。学者们从中得出结论,认为这些野蛮人摧毁了罗马的非洲(实际上,这些野蛮人是保护了他们所占据的这些城市)。所以大家错误地将因为愚蠢或者狂热而抢劫的人称作"汪达尔人"。1794年,格里高利修士甚至创造了一个词"汪达尔主义"(意思为:破坏文物的行为)用来抨击法国大革命的狂热分子破坏教廷财物以及王室象征物的行为。

汪达尔人并不是唯一一个名声被曲解的民族。想不想再听一个例子？16世纪的意大利人很讨厌法国的大教堂风格，因为它们一点都不像古罗马时期的庙宇。在他们看来，只有像哥特人那样的野蛮人才可能创造出这种风格。这就是为什么我们把13世纪的建筑称作"哥特教堂"，西哥特人和东哥特人从来就没见过那些建筑。

现在我们还是像古希腊时期的希腊人那样谈论"野蛮人"，其实是指那些与众不同的人？

有可能。使用这个词意味着说话人自己觉得自己是个文明人，他以一种俯视的态度看待别人，认为那个人不可能有理性思考能力。有时候，我们用"野蛮人"指那些真的非常残酷、血腥的人，这是贴切的。但是这个称呼也被用于抨击政治敌人，比如把政治敌人画成一个披着兽衣、鬈发、嘴巴里叼着一把刀的人。这种形象在罗马的浅浮雕上就可以看到，表现的正是野蛮人。

通常，对别人的看法，无论是对过去的某个人或者对现在的某个人的看法，都取决于我们观看的角度。16世纪，哲学家蒙田有机会见到美洲的印第安人。他很吃惊地发现，他所认为的野蛮人、食人族或者不信教的人都有自己的智慧，虽然可能与他的智慧不同，但是一样深刻。他由此得出结论："每个人都把不同于自己风俗习惯的东西叫做野蛮。"

纪尧姆离开了，对我的回答很满意。我并不确定他是否都听懂了。但是我更不确定自己的回答是否都正确。

也许我本应该告诉他，历史学家根据稀少的文本、模糊的考古学资料并依靠很多想象重构了野蛮人的文明。

也许我本应该再说几句，如果大家现在对野蛮人这么感兴趣，是因为欧洲在寻找共同的根，它没有办法在雅典、罗马或者中世纪教堂的广场上找到这些根。生活在那些不知名的时代的人吸引着大家，因为我们可以把希望寄托在他们身上，然后重新创造我们自己的身份。

也许我本应该总结道，我们是否理解这些野蛮人其实并不重要。他们给我们留下了美丽的诗歌、绚烂的文物以及那些关于秘密宝藏和不死之龙的传说故事。

但是最好还是理智一点。在对纪尧姆揭示这一切之前，我用塑料泡沫为他做了一个法兰西战斧。我们两个人要一起检查一下野蛮人的斧头是不是如我们所说的那样平衡。稍微训练一下，我们应该可以把它扔出去15米远吧。